Stephan Wahl

Erwarte von mir keine frommen Sprüche

Stephan Wahl

Erwarte von mir keine frommen Sprüche

Ungeschminkte Psalmen

echter

Im Gedenken an

Thomas Wahl
(18. August 1966–15. Juli 2021)

und alle Opfer der Flutkatastrophe 2021

Inhalt

Vorwort

„… dass sie trotz allem dem Leben trauen.“

Hätte Kain die Psalmen gekannt, wäre es nicht zum Brudermord gekommen. Kain hätte in den biblischen Psalmen genug „ungeschminkte“ Sprach-Hilfen erfahren, um mit Gott über sein Verhalten zu streiten. Denn Grund zur Auseinandersetzung gab es genug. Gott hatte völlig unverständlich für Kain das Opfer Abels angenommen, „aber auf Kain und sein Opfer schaute ER nicht“ (Gen 4,5). Warum? Die biblische Erzählung nennt keinen Grund (alle später „konstruierten“ Gründe nehmen dem Text seinen Stachel). Weil Gott machen kann, was er will? Weil Gott sich keinem Menschen gegenüber zu rechtfertigen braucht? Weil er als Gott über allem steht?

Eine befriedigende Antwort auf diese Menschheitsfrage „Warum?“ steht bis heute aus. Deshalb wird die Frage von Menschen auch immer wieder vor Gott aufgeworfen und gestellt. Hiob stellt sie, und Jesus stellt sie. Juden haben sie im Laufe ihrer Geschichte immer wieder gestellt. Es gab nahezu in jeder Epoche der Geschichte hinreichend Grund dazu.

Auch Stephan Wahl stellt sie. Er kennt die Sprachhilfen der Psalmen und bedient sich ihrer. Er bedient sich ihrer vor allem in der Radikalität, die den biblischen Psalmen eigen ist. Dem Priester sind die Psalmen tägliches Brot und dem Schriftsteller eine große Hilfe in den eigenen schmerzlichen Fragen. Die „Ur-Gattung der hebräischen Poesie“ (P. K. Kurz) lebt in den hier vorgelegten Texten in ihrem Schmerz, aber auch in ihrer Freude und Dankbarkeit weiter. Stephan Wahl stellt sich damit in die Reihe heutiger Lyrikerinnen und Lyriker, vor allem mit jüdischen Wurzeln, die keine Berührungsängste vor biblischer Literatur haben. Sie haben erkannt, dass vorherrschende „fromme“ Auslegungen des 19./20. Jahrhunderts des Alten und Neuen Testaments uns die Texte entwendet und kaum nahegebracht haben. Für viele ist der biblische Bezug in der säkularen Literatur obsolet geworden. Aber heute zeigt sich, und dafür ist auch diese Sammlung ein Beispiel, dass die Psalmen nach wie vor nicht nur ein bevorzugtes „Gebet-Buch“ jüdischer und christlicher Gemeinden sind. Sie sind bleibender, z. T. dramatischer Ausdruck eines Ringens mit Gott und Menschen um die Ur-Frage: Warum? Kain kannte die Psalmen (noch) nicht, aber Hiob kannte sie und auch sein „jüngerer Bruder“ Jesus: „Mein Gott, mein Gott, warum hast du mich verlassen?“ (Mk 15,34 par). Und seitdem sind sie auch außerhalb ihres ursprünglich religiösen Kontextes ein wichtiger Bezugspunkt für die Literatur in ihrem Ringen um existentielle Fragen und Antworten. Stephan Wahls Texte sind Ausdruck eines Menschen, der an der Grenze zwischen theologisch-kirchlicher und säkularer Welt lebt und an ihr leidet. Auch das macht seine Poesie so glaubwürdig und für Suchende hilfreich.

Wilhelm Bruners

DIE AHR

Der Ahrpsalm

Schreien will ich zu dir,
 Gott, mit verwundeter Seele,
doch meine Worte gefrieren
 mir auf der Zunge.

Es ist kalt in mir,
 wie gestorben sind alle Gefühle,
starr blicken meine Augen
 auf meine zerbrochene Welt.

Der Bach,
 den ich von Kind an liebte,
sein plätscherndes Rauschen
 war wie Musik,

zum todbringenden
 Ungeheuer wurde er,
seine gefräßigen Fluten
 verschlangen ohne Erbarmen.

Alles wurde mir genommen.
 Alles!
Weggespült das,
 was ich mein Leben nannte.

Mir blieb nur das Hemd
 nasskalt am Körper,
ohne Schuhe kauerte ich
 auf dem Dach.

Stundenlang schrie ich
 um Hilfe,
um mich herum
 die reißenden Wasser.

Wo warst du
   Gott, Ewiger,
hast du uns
   endgültig verlassen?

Baust du längst
   an einer neuen Erde,
irgendwo fern
   in deinen unendlichen Weiten?

Mit tödlichem Tempo
   füllten schlammige Wasser die Häuser,
grausig ertranken Menschen
   in ihren eigenen Zimmern.

Ist dir das alles völlig egal,
   Unbegreiflicher?
Du bist doch allmächtig,
   dein Fingerschnippen hätte genügt.

Die Eifernden,
   die dich zu kennen glauben, sagen,
eine Lektion hättest du uns erteilen wollen,
   eine deutliche,

eine Portion Sintflut
   als Strafe für unsere Vergehen,
für unsere Verbrechen an der Natur,
   an deiner Schöpfung.

Ihre geschwätzigen Mäuler
   mögen für immer verschlossen sein,
nie wieder sollen sie
   deinen Namen missbrauchen,

für ihre törichten Besserwissereien,
   ihr bissiges Urteil

mit erhobenem Zeigefinger,
bigott kaschiert.

Niemals will ich das glauben,
niemals,
du bist kein grausamer Götze
des Elends,

du sendest kein Leid,
kein gnadenloses Unheil
und hast kein Gefallen
an unseren Schmerzen.

Doch du
machst es mir schwer,
das wirklich
zu glauben.

Ich weiß, wir sind nicht schuldlos
an manchem Elend,
zu leichtfertig missbrauchen wir oft
unsere Freiheit.

Doch warum siehst du dann zu,
fährst nicht dazwischen,
bewahrst uns nicht
vor uns selbst?

Dein Schweigen quält
meine Seele,
ich halte es
fast nicht mehr aus.

Wie sich Schlamm und Schutt
meterhoch türmen
in den zerstörten Straßen
und Gassen

und deren Schönheit
sich nicht mehr erkennen lässt,
so sehr vermisst meine Seele
dein Licht.

Meine gewohnten Gebete
verstummen,
meine Hände zu falten
gelingt mir nicht.

So werfe ich meine Tränen
in den Himmel,
meine Wut schleudere ich
dir vor die Füße.

Hörst du mein Klagen,
mein verzweifeltes Stammeln,
ist das auch ein Beten
in deinen Augen?

Dann bin ich
so fromm wie nie,
mein Herz quillt über
von solchen Gebeten.

Doch lass mich nicht versinken
in meinen dunklen Gedanken,
erinnere mich an deine Nähe
in früheren Zeiten.

Ich will dankbar sein für die Hilfe,
die mir zuteil wird,
für die tröstende Schulter,
an die ich mich anlehne.

Ich schaue auf
und sehe helfende Hände,

die jetzt da sind,
   ohne Applaus, einfach so.

Die vielen, die jetzt kommen
   und bleiben,
die Schmerzen lindern,
   Wunden heilen,

die des Leibes
   wie die der Seele,
mit langem Atem
   und sehr viel Geduld.

Auch wenn du mir rätselhaft bist,
   Gott,
noch unbegreiflicher jetzt,
   unendlich fern,

so will ich dennoch
   glauben an dich,
widerständig, trotzig,
   egal, was dagegenspricht.

Sollen die Spötter
   mich zynisch belächeln,
ich will hoffen auf deine Nähe
   an meiner Seite.

Würdest du doch nur endlich
   dein Schweigen beenden,
doch ich halte es aus
   und halte dich aus, oh Gott.

Halte du mich aus!
   Und halte mich,
Ewiger!
   Halte mich!

Kaputt geschafft

Helfer-Abendpsalm

Meine Schuhe kann ich bald wegwerfen,
putzen lohnt sich nicht mehr,
sie werden eh nie wieder sauber,
aber das ist mir völlig egal.

Ich lehne mich an eine Mauer,
es ist wohl eine, die noch hält,
und bin einfach nur müde.
Kaputt geschafft, wie man so sagt.

Meine Seele schafft das bald nicht mehr,
ich muss sie im Zaum halten,
sonst funktioniere ich nicht mehr,
und das muss ich und das will ich.

Es ist noch so viel zu tun,
so unglaublich viel zu tun.
Manchmal fallen mir zwischendurch
die Augen einfach zu, ganz kurz.

Wenn ich sie öffne, denke ich,
eine Sekunde, sie ist schnell vorbei,
das kann alles nur ein grässlicher Traum sein.
Doch so ist es nicht.

Erwarte von mir keine frommen Sprüche,
Ewiger,
dafür lasse ich dich in Ruhe mit meiner Wut.
Vorläufig!

Ich bete den ganzen Tag,
wortlos, mit meinen Händen,
mit Schweiß auf der Stirn und den Tränen,
die mir immer wieder kommen.

Eben hat mich eine Frau einfach gepackt
und umarmt, ohne was zu sagen.
Sie hat alles verloren, alles.
Mein Haus steht noch.

Abends werde ich zu Hause empfangen,
heiße Dusche, Abendessen,
was so selbstverständlich schien,
ist auf einmal unendlich kostbar.

Schmeiß Kraft vom Himmel, Herr,
oder nenn es Segen!
Hauptsache, wir halten durch,
stärk uns den Rücken!

Und zwischendurch bitte ein Lächeln,
eine Berührung, eine Ermunterung,
meinetwegen auch einen guten Witz,
sonst halte ich das nicht aus.

Ich komme an
meine Grenzen,
ich bin verdammt nochmal auch
nur ein Mensch.

Und, vielleicht, bitte,
kannst du dafür sorgen,
dass sie uns Helfer verschonen
mit klugen Ratschlägen.

Ich weiß,
manche sind gut gemeint,
aber wirklich nur das.
Sie nerven uns sehr.

Man hätte, man sollte, man könnte,
und wäre es nicht besser ...

Haltet bitte die Klappe,
   oder packt selbst mit an!

Danken möchte ich allen, die uns versorgen,
   schon seit Tagen.
Die Pizza heute war klasse,
   sie tat richtig gut.

Schönen Abend noch, Herr,
   Schluss für heute, morgen geht's weiter.
Ich bitte um traumlosen Schlaf
   und die Ruhe der Nacht.

Weichen sollen die Schatten

Ein Rückkehr-Psalm

Verwundet kehre ich heim
   aus ungewolltem Exil,
vertrieben war ich
   aus dem mir so lieb Gewohnten.

Hilfreiche Hände halfen mir
   durch schwere Zeit,
an fremdem Ort
   ruhten Seele und Leib.

Sehnsüchtig hoffte ich
   auf baldige Rückkehr
zu Tisch und Bett
   in meinen eigenen Räumen.

Die Tür öffnete ich endlich
   nach langem Warten,
doch Leere und Kälte
   begrüßten mich stumm.

Wo war sie,
   die schöne Erinnerung an glückliche Tage,
zu stark hatte sich breitgemacht
   der Schrecken jener elenden Nacht.

Vertrieben hat mich damals
   die herzlose Flut,
mir blieb nur die Flucht
   und das klamme Hemd auf dem Leib.

Zwischen den Mauern,
   den hastig verlassenen,
begannen dunkle Mächte
   ihren giftigen Tanz.

Die schrecklichen Bilder von damals
   will ich zerreißen,
nicht auf ewig sollen sie nisten
   in meinen Gedanken.

Weichen sollen die Schatten
   aus meinem Haus,
ihre dunkle Macht sei verflucht
   und kehre nie wieder zurück.

Mit Macht will ich
   die höhnischen Geister vertreiben,
ihre schadenfrohen Fratzen
   will ich zerschmettern.

Zerbersten sollen sie
   bei meinem wütenden Blick,
ein Auge in Auge
   halten sie niemals aus.

Gezeichnet kehre ich zurück,
   aber nicht kraftlos,
behutsam nehme ich
   Raum für Raum erneut in Besitz.

Ein sanftes Lied will ich singen,
   doch mit kräftiger Stimme,
mit unversteckten Tränen
   in mutigen Augen.

Erfüllen mit Leben will ich
   die verwaisten Zimmer,
randvoll sei Segen in ihnen
   mit meiner Rückkehr.

Der Ewige selbst behüte
   mein Wachen und Schlafen

und halte fern von mir
die verjagten Dämonen.

Denn nicht erloschen sind in mir
die Bilder von guten Tagen,
und neue erwarte ich jetzt
mit wachsendem Mut.

Auch sollen wieder erwachen
mein erschütterter Glaube
und die Geister des Zweifels
mich nicht mehr bestimmen.

Schützender Frieden soll mich erfüllen
in meinen Mauern
und freundlicher Segen alle,
für die meine Tür sich neu öffnet.

Mit widerständigem Mut

Ein-Jahr-danach-Psalm

Schweigen will ich, Ewiger,
mit verwundeter Seele,
meine Worte versagen,
wenn ich an das Unheil denke.

Die Zeit heilt alle Wunden,
so sagt man leichtfertig,
meine klaffen immer noch,
sind noch nicht vernarbt.

Harmlos schlängelt sich der Bach
durch unser zerschundenes Tal,
das Ungeheuer, das er war,
sieht man ihm nicht mehr an.

Immer noch erzählen die Straßen
von dem Schrecken der Nacht,
ganze Häuser fehlen,
schmerzhafte Lücken in unserem Ort.

Noch mehr fehlen die Menschen,
die in den Fluten starben.
Warum, Ewiger, hast du sie nicht gerettet?
Warum?

Dein Schweigen quittiere ich
mit meinem eigenen Schweigen,
ich begreife dich wirklich nicht,
rätselhafter, ewiger Gott.

Gezeichnet sind alle,
die die Nacht überlebten. Alle.
Wir leben, ja,
doch mit verwundeter Seele.

Besiegt hat er uns nicht,
der entfesselte Strom,
zusammengehalten haben wir,
trotzig und stolz.

Dankbar bin ich
für so viel unerbetene Hilfe, großartige,
von überallher kamen sie zu uns
und packten mit an.

Zusammen haben wir sie abgetragen,
die Trümmerberge,
so viel vernichtetes Gut,
so viele zerbrochene Welten.

Mancher hat alles verloren,
wirklich alles ist fort und dahin,
weggeschwemmt von der Flut ist
so viel Unwiederbringbares.

Doch nicht aufgegeben haben wir uns,
nicht resigniert,
aufgestanden sind wir, mühsam,
aber mit festem Ziel.

Wir gestalten sie neu,
unsere verletzte Heimat,
Schritt für Schritt, mit Tränen
und widerständigem Mut.

Nicht alles gelingt so schnell,
wie wir es gerne hätten,
es ist schwer, Geduld zu haben,
manches Warten zermürbt.

Rückschläge trotz guter Planung
lähmen den Eifer,

der Berg an verschiedenster Arbeit
ist immer noch hoch.

Angeschlagen und ausgebrannt sind viele
nach all' diesen Monaten,
mit schleppenden Schritten
halten sie trotz allem durch.

Nicht die Zeit soll unsere Wunden heilen,
nein, du!
Ich erwarte Hilfe von dir.
Ich fordere sie. Jetzt!

Sei du im langen Atem,
den wir so dringend brauchen,
sei du im tröstenden Wort,
das aufbaut und stärkt.

Im zündenden, hellen Gedanken
will ich dich wissen,
wenn Schwermut mich überfällt
und alles sinnlos erscheint.

Sei du der feste Boden
unter meinen strauchelnden Füßen,
gib festen Halt mir,
wenn mir die Kräfte schwinden.

Vertreibe die Schatten
in meinen finsteren Träumen,
wecke unaufhörlich
meine schnell ermüdeten Lebenskräfte.

Dies alles werfe ich in deinen Himmel,
fang auf meine Bitten,
du ewige, geheimnisvolle, alles erhaltende
Quelle des Lebens.

KLAGE

Es ist Krieg

Ein ratloser Psalm

Aufgeschreckt bin ich, Ewiger,
reibe mir zitternd die Augen,
ein Traum muss es sein,
ein schrecklicher, ein Albtraum.

Entsetzt höre ich die Nachrichten,
kann es nicht fassen,
Soldaten marschieren, kämpfen und sterben.
Es ist Krieg.

Der Wahn eines Mächtigen
treibt sie zu schändlichem Tun,
mit Lügen hat er sie aufgehetzt,
mit dem Gift seiner Hassreden.

In den Kampf wirft er sie,
missbraucht ihre Jugend, missbraucht ihre Kraft,
erobern sollen sie, töten sollen sie,
sein Befehl ist eiskalt.

Seine Nachbarn hat er zu Feinden erklärt,
ein Zerrbild gemalt,
in den dunkelsten Farben
seiner wirren Machtphantasien.

Niemand wagt ihm zu widersprechen,
seine Claqueure halten still,
ein Marionettentheater umgibt ihn,
das er höhnisch bespielt.

Seine Bosheit hat Raffinesse,
listig und schamlos geht er voran,
die Versuche, ihn umzustimmen,
ließ er ins Leere laufen.

Umsonst sind sie angereist
aus besorgten Ländern,
Friedensappelle und Warnungen
ließen ihn kalt.

Angst und Schrecken verbreiten sich,
blankes Entsetzen.
Wie viele Verletzte wird es geben,
wie viele Tote?

Wann wird die gefräßige Gier des Tyrannen
gesättigt sein,
wann der Blutstrom versiegen,
wann werden die Waffen schweigen?

Hilflos starre ich
auf die Bilder und Meldungen,
meine Fäuste voll Wut,
in meinen Augen regnet es.

Fahr den Kriegstreibern in die Parade, Ewiger.
Allen!
Leg ihnen das Handwerk,
lass sie straucheln und fallen!

Wecke den Mut und den Widerstand
der Rückgrat-Starken,
lass das Volk sich erheben
und die Verbrecher entlarven!

Nicht entmutigen lassen sollen sich alle,
die an den Frieden glauben,
die unverdrossen ihre Stimme erheben,
gegen Verführer immun sind.

Sei unter denen, die nicht schweigen,
die nicht wegschauen,

die nicht achselzuckend sagen,
was kann ich schon bewirken.

Höre unser Beten, unser Schreien,
es töne in deinen Ohren,
unsere Angst
um die Welt unserer Kinder und Kindeskinder.

Sie hast du uns in die Hände gegeben,
deine Welt ist die unsrige.
In die Hände fallen soll sie nicht den Machthungrigen
ohne Gewissen.

Nie werde ich verstehen,
warum du dem allem nur zusiehst,
deine Hand nicht eingreift
und die Tyrannen zerschmettert.

Mach dich gefasst auf meine zornigen Fragen,
wenn wir uns sehen werden, später,
in diesem rätselhaften Danach,
deinem geheimnisumwobenen Himmel.

Dann will ich Antworten,
will Erlösung und endgültigen Frieden,
jetzt aber will ich nicht aufgeben,
zu tun, was ich tun kann,

damit wir jetzt und auch künftig
den Namen verdienen,
den wir so selbstverständlich
als unseren eigenen tragen,

und ehrlich und glaubwürdig
und unverhärtet berührbar,
als menschlicher Mensch
unter menschlichen Menschen leben.

Missbrauch
Ein Wutpsalm

Mein Zorn lässt sich nicht besänftigen, Gott,
 er gibt keine Ruhe,
wütend ballen sich meine Fäuste,
 in meinen Adern kocht das Blut.

Zum Gespött machen sie
 dein Wort, deinen Namen,
besudeln ihn durch ihre schamlosen Taten,
 ihre teuflische Gier.

Entlarve ihr falsches Lächeln,
 ihre getünchte Fassade reiße nieder,
decke auf ihre Schandtaten,
 ihre ruchlosen Verbrechen!

Die Seelen ihrer Opfer schreien auf
 nach endloser Qual,
ein Orkan der verwundeten Stimmen
 fegt über das Land.

Feige verschweigen sie,
 was sie im Dunkeln getan, ohne Reue.
Ihre Macht und ihr Ansehen zu retten
 ist allein ihr Verlangen.

Kalt raffiniert und spitzfindig winden sie sich
 wie giftige Schlangen,
wenn aufgedeckt und enthüllt wird
 ihr grausiges Werk.

Für ihre perversen Gelüste
 missbrauchten sie schutzlose Seelen,
beschmutzten zarte Körper
 mit ihren gierigen Pranken.

Fahr ihnen in die Parade, Ewiger,
reiß ihre Masken von den Gesichtern,
mit denen sie ihre Fratzen verstecken,
ihre lüsternen Augen!

Bring sie zur Strecke,
lass dich nicht einwickeln in listige Ausreden,
nicht erinnern könnten sie sich,
die Hochbetagten: hach!

Ihren Verteidigern und Schönrednern
lege das Handwerk,
die sich nicht scheuen die Schuld umzuleiten:
der Zeitgeist war's!

Reiß ein ihr Kartenhaus
aus bequemen Lebenslügen und Falschheit,
und ihre geschönte Erinnerung
zerschmettere mit starker Faust!

Störe ihre Selbstgenügsamkeit
und ihre aalglatte Verdrängung,
mit Alpträumen überschütte sie
und schlaflosen Nächten!

Auf ihre Knie sollen sie fallen
und um Verzeihung flehen,
tief in den Staub stoße sie,
lass sie wimmern um Gnade,

dass sie bekennen ihre Schuld
in ungeschöntem Bekenntnis,
nicht ausweichen den Augen ihrer gequälten Opfer!
Und büßen!

Die verwundeten Seelen aber heile
mit wahrhaftigen Menschen,

die zuhören können, aufrichten, behutsam,
mit sehr viel Geduld,

dass sie trotz allem dem Leben trauen
und auch dem ehrlichen Lieben
und haltende Arme und stärkende Schultern
die Schatten vertreiben.

Die Erde stöhnt

Ein Umweltpsalm

Gepriesen bist du, Ewiger,
   Schöpfer der Tage und Nächte,
Licht und Dunkel wechseln sich ab
   in ewigem Rhythmus.

Dein Licht zeigt sich reich
   und in vielen Facetten,
bunt ist die Palette der Farben,
   die du verwendest.

Das sanfte Morgenrot
   kündet den Aufgang der Sonne,
sie löst es ab
   mit ihrem gold-feurigem Glanz.

Das Dunkel der Nacht entweicht,
   der Tag erwacht,
alles reckt sich
   der wärmenden Sonne entgegen.

In verschiedenem Grün leuchten
   deine üppigen Landschaften,
dunkel die artengemischten Wälder,
   heller die grasbedeckten Wiesen.

Die Felsen der Gebirge türmen sich
   in schroff-kantigem Grau,
von weißem Schnee bedeckt funkeln hell
   die höchsten Gipfel.

Mit ewiger Phantasie hast du
   unsere Welt prächtig gestaltet,
die Farben des Regenbogens spiegeln sich
   im Werk deiner Hände.

Im Meeresblau deiner gewaltigen Ozeane,
deiner Flüsse und Seen
tummeln sich Fische, vielfarbig,
gekleidet in glitzernde Schuppen.

Bunt explodiert die Natur
in der Frische des Frühlings,
wenn die Blätter sich färben
füllt bunt sie die Herbstkörbe der Ernte.

Unübersehbar ist die Vielfalt
deiner reich gestalteten Schöpfung,
sprachlos staunt alle Welt,
das ist ihr wortlos-stilles Gebet.

In die Hände des Menschen hast du gelegt,
was du mit Weisheit geschaffen,
doch in schmutzige Hände gefallen ist deine Natur
und übelst geschändet.

Die Krone der Schöpfung sollte er sein,
dein Ebenbild Mensch,
behutsam und sorgend für alles,
was du ihm freigiebig anvertraut.

Doch eigensinnig und selbstverliebt
hat er missbraucht seine Freiheit,
mit dem Schicksal der Erde
spielte er leichtsinnig und frech.

Die Erde stöhnt,
es schmerzen sie die tief geschlagenen Wunden,
ausbeutend hat der Mensch sie
kalt-egoistisch gequält.

Es sterben zahllos kostbare Arten,
nie kehren sie wieder,

was du geschaffen,
   vernichtet der Mensch.

Erbarme dich deiner Erde,
   der schön geformten,
dem Tun deines Ebenbilds
   fahr in die Parade mit Kraft.

Doch nicht alle
   üben Verrat an deiner herrlichen Schöpfung.
Stärke die Mutigen und Widerständigen
   in ihrem lauten Protest.

Dein Segen sei mit allen,
   die ohne Aufsehen, doch konsequent,
nachhaltiger leben, die Welt bewahren,
   da, wo sie sind.

Denn auch den Kindern und Kindeskindern
   soll es vergönnt sein,
zu staunen
   über den Reichtum deiner vielfältigen Schöpfung

Gepriesen bist du, Ewiger,
   Schöpfer der Tage und Nächte,
erhalte die Welt
   und halte den Menschen im Zaum.

Stör ihre Kreise

Ein Psalm wider die Heuchler

Der Zorn des Ewigen entflammt,
  lässt sich kaum bremsen,
die Heuchler sind es, die seinen Unmut erregen.
  Täglich.

Fromm tun sie,
  senken die Köpfe, falten die Hände,
doch ihr Herz ist steinhart,
  rücksichtslos und voller Unrat.

Sie lieben die Pracht der Gewänder,
  baden in Weihrauch,
ihr liturgisches Spiel
  haben sie perfekt inszeniert.

Die an der Schwelle stehen,
  an den Hecken und Zäunen,
die lassen sie stehen, achtlos,
  mit verächtlichem Blick.

Was Wahrheit ist,
  haben sie längst klar definiert,
rigoros sind ihre Gesetze,
  geschnürt wie Korsette.

Die Freiheit, Gottes schönstes Geschenk,
  liegt in Ketten,
sie kauert im Kerker,
  kein Licht dringt zu ihr.

Mit scharfer Zunge
  verlangen sie strenge Moral,
keine Ausnahme gilt,
  Gesetz ist Gesetz.

Sie wissen,
   was richtig und was unzweifelhaft falsch,
das Los jedes Einzelnen, so verschieden es ist,
   es kümmert sie nicht.

Sie schämen sich nicht,
   sich mit der Lüge zu brüsten,
sie führten nur Gottes Plan aus,
   seien ihm treu.

Ohne Zögern, ja frech,
   missbrauchen sie den Namen des Ewigen,
mit ihren Schablonen
   richten sie ohne Erbarmen.

Was normal ist und gottgegeben, angeblich,
   sie schreiben es fest,
wer zwischen ihr Raster fällt,
   den lassen sie fallen mit höhnischem Blick.

Was sie predigen, gilt nur für die anderen,
   nicht für sie selbst,
ihr eigenes Leben, jenseits der Bühne,
   halten sie nach Kräften geheim.

Und zwischendurch
   falten sie wieder bigott ihre Hände,
murmeln Gebete, verbeugen sich artig
   und blenden die Welt.

Stör ihre Kreise, Ewiger,
   fahre feurig dazwischen,
schrecke sie auf,
   denn mit dir rechnen sie nicht!

Du bist kein Gefangener
   ihrer Regeln und Definitionen,

befreie dein Volk
   aus ihrem umklammernden Griff.

Reiß ihnen streng
   vom Gesicht ihre Masken,
doch dann hauche sie an
   mit deinem zärtlichen Geist.

Vielleicht schmilzt dann
   ihre eiskalte Härte,
und sie erschrecken mit Wucht
   über sich selbst.

Der Zorn des Ewigen
   brennt nie ohne Grund,
doch er löscht ihn gern,
   wenn Menschen sich ändern.

So viele Bilder
Ein Trauerpsalm

Mein Herz blutet, Ewiger,
   sie ist nicht mehr da,
es ist still geworden
   und meine lauten Rufe gehen ins Leere.

Ich kann es nicht fassen,
   sie nicht mehr zu sehen,
nie mehr mit ihr zu sprechen,
   ihre zärtliche Hand nicht mehr zu spüren.

Wie habe ich mich vor diesem Moment gefürchtet,
   ihn verdrängt, wenn er sich anschlich.
Ich dachte, es wird immer so weitergehen,
   alles war so gewohnt, so selbstverständlich.

Nichts ist jetzt mehr, wie es war,
   stumm starre ich vor mich hin,
es weint in mir, unaufhörlich,
   Tränen, die keiner sieht.

Warum, Ewiger, warum lässt du mich allein?
   Der Herr hat gegeben,
der Herr hat genommen.
   Ja, ich weiß, so heißt es.

Ich bin nicht Hiob,
   ich bin nicht einverstanden
mit deinen undurchsichtigen Plänen.
   Ich will sie zurück!

Du hast sie zur dir genommen,
   in deinen Frieden,
der alles Begreifen übersteigt,
   soll mich das trösten?

Ich bin eifersüchtig, Ewiger,
ich gönne sie dir nicht,
noch nicht,
sie und ich hatten doch noch so viel vor.

So viele farbige Bilder
ziehen jetzt an meinen Augen vorbei,
so lebendig, fast greifbar
ihr Blick, ihr Lächeln, ihr Haar im Wind.

Was so schön war, schmerzt nun, heftig,
die Erinnerung an sie in so vielen Facetten,
das Einzige, was mir bleibt.
Ein kostbarer, ein unverlierbarer Schatz.

Ich kann sie nicht loslassen,
ich werde immer wieder von ihr erzählen,
manchmal auch das Glas auf sie erheben
und meine Gedanken in den Himmel werfen.

Ich werde sie so vermissen,
jeden Tag und jede Stunde.
Wie es weitergehen soll, ohne sie,
ich weiß es nicht. Ich weiß es wirklich nicht.

Steh mir bei, Ewiger,
lass mich nicht verzweifeln.
Hilf mir, nicht zu versinken
in meiner Trauer, der abgrundtiefen.

Verlange nicht von mir zu beten:
Dein Wille geschehe.
Meine Lippen bleiben stumm.
Meine Tränen sind jetzt mein Gebet.

Ich will versuchen, daran zu glauben,
dass das Band nicht reißen kann

zwischen dieser Welt und der anderen,
  von der wir so wenig wissen und so viel erwarten.

Erbarme dich meiner, Ewiger,
  du rätselhafter, du unheimlicher Gott,
dreh die Zeit zurück, du kannst das doch,
  gib sie mir zurück!

Send mir wenigstens ein Zeichen,
  dass es ihr gut geht
und sie bei dir geborgen ist.
  Das verlange ich von dir!

Nur noch eine Hülle

Ein Psalm in Depression

Nichts geht mehr.
  Wie gelähmt liege ich da,
kann mich zu nichts überwinden
  und starre leer vor mich hin.

Es hat mich fest im Griff,
  das scheußliche Ungeheuer,
ein unbarmherziger Drache,
  Depression ist sein Name.

Hast du ihn auf mich losgelassen,
  Ewiger, unheimlicher Gott?
Warum stößt du mich ins tiefste Dunkel,
  was habe ich dir getan?

Meine ganze Kraft saugt er aus mir,
  der Unersättliche,
zurück bleibt nur noch eine Hülle,
  die zu nichts mehr taugt.

Die Farben sind mir entschwunden,
  ein kalt-trübes Grau überzieht alle Dinge.
Ich kann mich nur noch erinnern,
  was für mich Freude war.

Mein Wille ist gebrochen,
  das kleinste Problem wird riesengroß,
ich will niemanden sehen,
  mit niemandem sprechen.

Verstehen kann das sowieso keiner,
  der Drache ist unsichtbar, tarnt sich listig.
Stell' dich nicht so an, höre ich die Leute sagen.
  Oder höre ich mich selbst?

Ich scheue mich, von mir zu erzählen,
spiele Theater, gekonnt,
tue so, als wäre alles gut,
und leide entsetzlich.

Niemand soll etwas merken,
ich gebe mich locker,
höllisch anstrengend ist das.
Eine Krankheit, über die man nicht spricht.

Ich will einschlafen und nie wieder aufwachen,
selbst dein Himmel ist mir egal,
ich will nur nichts mehr spüren,
keine Traurigkeit, keinen bohrenden Schmerz.

Hast du kein Mitleid mit mir,
ist dir meine Verzweiflung völlig egal?
Gibt es einen Sinn für diese Grausamkeit?
Dann zeig ihn!

Oder bist du gar nicht allmächtig,
sind finstere Mächte stärker als du?
Ich kann das nicht glauben,
ich will das nicht glauben.

Rette mich aus der Dunkelheit,
sei mein Licht im Abgrund,
halte den Drachen in Schach,
gib mir mein Leben zurück!

Jetzt steh ich da

Ein Ohne-Glauben-Psalm

Du hast mich verlassen,
mein Herz ist leer, Ewiger,
wo ist mein fester Glaube,
der mir so lieb war, so vertraut?

Aufgelöst hat sich alles,
was Stand und Halt gab,
wie ein Kartenhaus stürzte alles zusammen,
nichts blieb.

So viele Jahre sprach ich das große Credo,
so selbstverständlich,
jetzt versagt mir die Stimme,
wenn ich nur daran denke.

Die Lieder, die alten Melodien
zu den großen Festen,
sind nur noch Musik,
nichts mehr, nur noch das.

Ich weiß nicht mehr,
wann genau es begonnen hat,
immer größer wurde der Zweifel und wuchs.
Unaufhaltsam.

Jetzt stehe ich da
und weiß nicht mehr weiter,
woran soll ich mich halten,
wer gibt mir neu Sinn?

Es ist schon verrückt,
dass ich dir das jetzt sage,
du, von dem ich jetzt meine,
dass es dich gar nicht gibt.

Ich war so gewöhnt
mit dir zu sprechen,
auch wenn dein Schweigen
mich oft irritiert.

Meine Worte werfe ich jetzt in die Leere,
das dunkle Nichts,
ich weiß nicht, warum ich das tue,
warum es mich drängt.

Ganz winzig glimmt Hoffnung,
dass sie doch jemand hört.
Der Jemand bist du, Ewiger,
mein verlorener Halt.

Wenn es dich doch gibt,
wider all meine Zweifel,
dann mach dich bemerkbar,
send mir ein Zeichen.

Lass mich erwachen aus der Seelen-Nacht,
der fürchterlich kalten,
ich sehne mich nach dem, was früher war,
mich lebendig erfüllte.

Doch ich wage es kaum zu hoffen,
dass ich mich irre,
so gern ich es würde,
dieser Irrtum wär' Segen.

Zu zahlreich
sind die noch offenen Wunden,
die immer noch brennen
und nicht verheilen.

Geschlagen von Menschen,
die deinen Namen missbrauchen,

die fromm tun und doch voll sind von Eitelkeit, Hass
und Lust an der Macht.

Die immer so tun, als wüssten sie, was du willst,
Ewiger,
und hastig Gesetze basteln,
vollmundig mit imposantem Gehabe.

Sie haben geholfen,
meinen Glauben zu töten,
die Freiheit, die du uns gabst,
haben sie eiskalt kaserniert.

Traurig bin ich
und blättere stumm und ratlos
in der Erinnerung,
die langsam verblasst,

als ich auf Knien, im Stehen, im Sitzen
und auch im Liegen
meine tanzende Seele hörte:
Preiset fröhlich den Herrn!

Komm wieder zurück, Ewiger,
zerstör meine Zweifel,
ich möchte wieder glauben,
ich vermisse dich sehr.

Solange will ich warten
und aushalten die Nacht
und leise hoffen,
dass dein Licht sie durchbricht.

Zeig dich!
Ein Psalm in der Krise

Reiß die Himmel auf,
 so singen wir schön im Advent,
wir schreien es jetzt,
 wir fordern dich, Ewiger! Zeig dich!

Es ist deine Kirche, die nach dir ruft,
 wir werden weniger,
viel weniger, zu Tausenden verlassen sie uns,
 bald ist Schicht.

Nur wenn du willst,
 wird dein Name genannt bleiben,
nur wenn du willst,
 werden unsere Altäre nicht gestürzt.

Nur wenn du es wirklich willst,
 tragen wir weiter, trotz allem,
was wir empfangen haben,
 was uns tief in der Seele brennt.

Wecke die Sehnsucht nach dir
 und lass deine Stimme hören,
ruf Menschen auf deine Seite,
 reiß sie aus ihren Gleisen.

Wirf ihre Pläne über den Haufen
 und kämpf' eifersüchtig um sie,
ich weiß, es ist schwerer als früher,
 viel schwerer, doch gib es nicht auf!

Reiß deinen Himmel auf
 und send' uns Kraft, tonnenweise,
damit wir leise und laut, stark und schwach,
 unverdrossen,

deine Botschaft verkünden,
wider alle Götter und Götzen,
wider alle Kälte und Berechnung,
wider alle Grenzen und Zwänge.

Gib uns den Mut, farbig von dir zu erzählen,
verständlich,
von deiner Größe, von deiner Treue
und von deiner Barmherzigkeit.

Mit deinem Rückenwind
und Segen,
da wo wir sind,
da wo wir sein werden.

Abschalten geht nicht

Ein Burnout-Psalm

Die Zeit rennt, die Tage eilen dahin,
   dicht gefüllt sind meine Stunden.
Unterwegs bin ich vom frühen Morgen
   bis zur Mitte der Nacht.

Ich bin ständig verplant, Ewiger,
   immer, Termin an Termin
reiht sich in meinem Kalender.
   Dazwischen gibt es kaum Luft.

Abschalten geht nicht,
   mein Kopf bleibt auf Touren,
ist immer hochaktiv,
   auch in den Pausen.

Sofort ist er dann schon beim nächsten Projekt,
   der nächsten Sitzung,
dem nächsten Telefonat,
   es arbeitet in mir. Ohne Pause.

Mein Beruf verzehrt mich,
   nimmt mich ganz in Beschlag,
nichts anderes zählt mehr,
   die Scheuklappen sind dicht.

Ihn zu ergreifen war leicht,
   ich wählte ihn gern,
jetzt hat er mich ergriffen,
   mit ganzer Wucht.

Ich lebe nur noch für ihn,
   er fordert mich ganz.
Ich nehme kaum anderes wahr,
   mich interessiert nur noch wenig.

Meine Beziehungen sind ein einziges Chaos,
meine Freunde haben sich zurückgezogen,
meine ständigen Absagen und Ausreden
hatten sie irgendwann satt.

Niemand erwartet mich mehr,
wenn ich heimkomme,
niemand ruft an,
nur mein Rotwein empfängt mich.

Doch die Betäubungen helfen nicht mehr,
keine von ihnen,
die Leere in mir wächst ständig,
die Arbeit füllt sie nicht aus.

Und es wird immer mehr,
was man von mir verlangt,
wie es mir dabei geht,
interessiert niemanden.

Hauptsache, ich funktioniere,
bringe schnelle Ergebnisse,
gegen Müdigkeit gibt es Medikamente,
krank sein steht nicht im Programm.

Ich wollte leben,
mit Volldampf, stürmte voran,
jetzt werde ich gelebt.
Ich halte es nicht mehr aus.

Es reicht jetzt, ich will aufgeben.
Die weiße Fahne liegt schon bereit.
Noch zögere ich,
noch fehlt mir der Mut.

Verdammt, es ist wirklich nicht leicht,
schwach zu sein.

Ich habe Angst vor dem, was dann kommt.
Wie werden die Reaktionen sein?

Schadenfreude bei meinen Konkurrenten?
Verständnislosigkeit bei meinen Kollegen?
Mit Gescheiterten wollte auch ich
nichts zu tun haben.

Trotzdem. Ich muss mir helfen lassen,
so schwer es mir fällt.
Verschwinde, Eitelkeit,
bremse mich nicht!

Die Freunde wünsche ich mir zurück,
ihr ehrliches Wort, ihre faire Kritik
und eine bergende Schulter, eine heilende Nähe.
Das alles vermisse ich so sehr.

Ich hatte alles im Griff, so dachte ich,
hab' mich völlig überschätzt,
Ich ließ mich ausnutzen. Tat mehr als nötig.
Gedankt hat es mir niemand.

Hilf mir, nicht aufzugeben, Ewiger,
lass mich über meinen Schatten springen
und Hilfe annehmen, auch wenn es mir schwerfällt.
Mit deinem Rückenwind kann es gelingen.

Zerronnen

Psalm eines Verzweifelten

Was tun, Ewiger,
   wenn die Nacht mich mit Macht umschließt,
die Sonne ihre Strahlen versteckt
   und sich kleidet in Schwarz?

Mir ist alle Hoffnung genommen,
   zerronnen sind alle Pläne und Ideen,
ich bin zu Fall gebracht,
   im tiefsten Staub finde ich mich wieder.

Von allen Seiten sehe ich mich umzingelt,
   mit Verve belagern sie mich,
ihre Zeigefinger bohren sich in meine Seele,
   erbarmungslos stechen sie zu.

Noch gestern lobte und rühmte man meinen Namen,
   war stolz, mich zu kennen,
jetzt aber mehrt sich stündlich
   das Heer meiner Feinde, finster entschlossen.

Voller Gier stürzen sie sich auf mich,
   weiden sich an meiner Schwäche,
ich liege besiegt am Boden
   doch sie treten immer weiter und weiter.

Du kennst mich Ewiger, auch die Fehler und Schwächen
   meine Ecken und Kanten,
nicht schuldlos bin ich in meiner verzweifelten Lage,
   ich weiß es, ich weiß.

Du hältst mich aus, trotz allem,
   richtest mich nicht, stellst mich neu auf die Füße,
doch ich halte nicht stand, kraftlos sinke ich zu Boden.
   Ich bin erledigt.

Nimm doch den Atem von mir, von dir geliehen,
ich gebe ihn dir zurück,
die Augen will ich schließen und nie mehr erwachen.
Ein Trost, dieser Gedanke.

Ich danke für alles, was war,
doch hoffen auf Künftiges kann ich nicht mehr,
die Landschaft vor mir versinkt
in ein schmutziges Grau.

In dir allein will ich versinken,
Quell allen Lebens.
Ich lasse mich fallen
in deine ewigen Arme.

Fang mich auf, Ewiger,
halte mich fest!
Erlöse mich,
meine Tränen weinen dein Lob.

In deinen Frieden
will ich mich bergen,
verstummen soll mein Klagen,
mein Wünschen ebenso.

In dir will ich ruhen,
von allen Seiten umfasse mich,
deine sanft brennende Liebe
erfülle mich ganz.

LOB UND DANK

Ich bin, was ich bin

Ein LGBTQ-Psalm (aber nicht nur)

Ich danke dir, Ewiger,
dass ich so bin, wie ich bin,
und nicht so,
wie manche mich gerne hätten.

Von Beginn aller Zeit hast du
mich gedacht und gewollt,
eine Facette bin ich
deiner bunten, lebendigen Schöpfung.

Als dein Ebenbild hast du
den Menschen geschaffen,
du, der du das Leben selbst bist
in all seiner Fülle.

In dir pulsiert die Liebe
in all ihren Formen,
ein ewiger Quell,
der niemals versiegt.

Du willst seit Urzeit,
dass es gibt, was es gibt,
die Schranken und Grenzen
hast du nicht gemacht.

Das Wort Ebenbild legten die Saftlosen
in kalt-eiserne Ketten,
die Flügel der Liebe
wollten sie kürzen durch ihre Gesetze.

Doch sie erhebt sich immer wieder,
lässt sich nicht zähmen,
unablässig verteilt sie sich
in die Herzen der Menschen.

Ihre Funken sprühen,
  wenn zwei Münder sich finden,
zwei Seelen den Gleichtakt erkennen,
  das ergänzende Du.

Wenn eine Frau einen Mann liebt
  und ein Mann eine Frau,
wenn ein Mann einen Mann liebt
  und eine Frau eine Frau,

tanzt die Liebe Pirouetten
  mit kraftvoller Leidenschaft,
wenn ein Mensch einen Menschen liebt,
  so wie er ist.

Wenn ein Mensch
  Körper und Seele in sich versöhnt,
wenn ein Mann sich als Frau fühlt
  und eine Frau sich als Mann,

fährt die Liebe tollkühn
  in den Mut, sich offen zu zeigen,
wenn ein Mensch sich sucht
  und sich endlich dann findet.

Sie alle preisen dich, Ewiger,
  durch ihr farbiges Leben,
du würdigst die Vielfalt
  durch deinen stärkenden Segen.

Doch immer noch leiden Menschen,
  nur weil sie lieben,
man sperrt sie in Kerker,
  quält sie, will ihren Tod.

Leg ihren Jägern und Richtern
  ihr übles Handwerk,

vor Scham vergehen sollen sie,
verstummen für immer.

Meine Hoffnung setze ich auf dich,
Ewiger, Fülle des Lebens,
nicht nur träumen will ich,
was ich sehnlichst erwarte:

Die Engherzigen werden nicht siegen
mit ihrer Verachtung,
ihr Gift verliert seine Kraft,
ihr Spott verwundet nicht mehr.

Begeistert erstrahlen sollen alle
mit glänzenden Augen,
die Hand in Hand sich gefunden
auf ihrem eigenen Weg.

Ihre zärtliche Liebe preist dich,
übersteigt alle Normen,
divers sind deine Ebenbilder,
keins gleicht dem anderen.

Unverwechselbar hast du, das Leben,
alle geschaffen,
ein kostbares Original bin ich
mit meinen Ecken und Kanten.

Ich danke dir, Ewiger,
dass ich so bin, wie ich bin,
und immer mehr werde,
der ich sein darf vor dir.

Diese Augen so blau

Ein Liebespsalm

Meine Freude werfe ich in den Himmel,
die Wolken sehe ich nicht,
so heftig klopft mein Herz, unbändig,
es droht zu zerspringen.

Wie ein Blitz hat mich sein Blick getroffen,
diese Augen so blau und wahr,
ein Mensch ist in mein Leben getreten,
ohne Vorwarnung, einfach so.

Ich weiß nicht mehr, wo oben und unten ist, Ewiger,
es hat mich gepackt,
ich kann gar nichts anderes mehr denken,
sehe nur noch sein Bild vor mir.

Gestern noch war ich versunken in trüben Gedanken,
schwach und ratlos,
heute berste ich vor Energie, könnte Bäume ausreißen,
wie man so sagt.

Immer habe ich im Stillen gehofft,
gewartet auf den einen Menschen,
bei dem ich sein kann, so wie ich bin,
mit allen Ecken und Kanten.

Die Liebe hat mich in Brand gesetzt,
ich brenne hell und lichterloh,
nicht löschen will ich diesen Feuersturm,
der mich lebendig macht.

Die mühsamen Tage sind vorbei,
die Langweile hat mich verlassen,
ich könnte tanzen und springen
und tue es auch, ohne Scheu.

Du bist die Liebe, Ewiger,
großzügig verteilst du dich in die Herzen,
ich danke dir, du hast unsere Seelen bewegt
und zueinander geführt.

Lass uns behutsam
die nächsten Schritte gehen, zusammen,
behüte uns davor,
uns im Rausch der Gefühle zu überfordern.

Jede Minute der Trennung schmerzt uns,
die Sehnsucht ist mächtig,
doch sind wir nicht nur ein Wir,
sondern auch zweimal ein Ich.

Du hast jeden von uns anders geschaffen,
unverwechselbar, ein Unikat,
hilf uns den Abstand zu wahren, der nötig ist,
um sich nicht zu verlieren.

Unser Verschieden-Sein lass uns
als kostbaren Reichtum genießen,
mit Humor die Macken des anderen
heiter und geduldig ertragen.

Ich danke dir, Ewiger, verliebt wie ich bin,
randvoll mit saftigem Leben,
mein strahlendes Lachen und meine leuchtenden Augen
singen dein Lob.

Verschenk dich weiter, Füllhorn der Liebe,
verschwende dich rastlos,
verändere die Welt durch Hände,
die fest und innig sich halten.

So selbstverständlich

Ein Dankpsalm

Mit meinen Bitten weiß ich
   dich zu bestürmen, Ewiger,
meine Sorgen und Nöte,
   nie gehen sie aus. Nie.

Schnell finde ich Worte,
   wenn es mir schlecht geht.
Wenn ich etwas von dir will,
   bin ich sofort zur Stelle.

Das können wir Menschen gut,
   darin haben wir Übung.
Unser Repertoire an Wünschen ist groß,
   und zu klagen gibt es immer genug.

Es ist höchste Zeit, einmal nichts zu wollen,
   dir einfach zu danken,
so vieles scheint selbstverständlich,
   so gewohnt, jeden Tag.

Ich danke dir,
   dass ich überhaupt da bin
und immer noch lebe.
   Du hast mich gewollt.

Du hast eine Idee von mir
   seit ewigen Zeiten,
die Frucht eines deiner Gedanken bin ich,
   geboren als Kind meiner Eltern.

Ich danke dir für die Freiheit,
   mein Leben selbst zu gestalten,
du hast nicht alles vorherbestimmt,
   ich gehe Wege und Umwege.

Schwierigkeiten bleiben mir nicht erspart,
du bewahrst mich nicht
vor selbstverschuldetem Scheitern.
Im Freiheit-Schenken bist du konsequent.

Und doch bist du bei mir all' meine Tage,
dein Schweigen umhüllt mich
wie ein bergender Mantel,
was auch passieren mag, du lässt mich nicht fallen.

Ich danke dir, Ewiger,
für mein farbiges Leben,
gepriesen sei dein heiliger Name,
jetzt und für alle Zeit.

Sein Licht umhüllt
Ein Morgenpsalm

Wacht auf in der Frühe des Tages
   freut euch am aufgehenden Licht.
Lobt den Ewigen, der alles geschaffen,
   der die Sonne aufgehen lässt, jeden Tag.

Über Juden und Christen, Muslime und Hindus,
   über die Jünger Buddhas und alle, die ihn suchen,
auf ihre so unterschiedliche Weise,
   sehnsüchtig, bunt wie das Leben.

Sein Licht umhüllt wie ein Mantel
   alle die ihn fliehen, sich abwenden,
die nicht mehr glauben können,
   alle, die es noch nie konnten.

Seine Geduld ist unermesslich,
   sein Atem lang, kennt keine Zeit.
Lobt den Ewigen, den einen Gott,
   ihr Menschen aller Nationen,

aller Konfessionen und Weltanschauungen,
   vor ihm seid ihr alle ein einziges Volk.
Denkt daran an jedem neuen Morgen,
   vergesst es nicht in den Mühen des Tages.

Reißt nieder die trennenden Mauern,
   erhebt eure Stimmen mutig und laut
gegen Rassismus und tödlichen Hass.
   Seid Menschen in kostbarer Vielfalt.

Lobt den Ewigen,
den Grund allen Lebens,
dankt ihm
und betet ihn an.

(zuerst veröffentlicht in: … *träume ich von Flügeln*, Würzburg 2021)

Ich neige meinen Kopf

Ein kurzer Morgenpsalm

Loben will ich dich, Ewiger,
mit der aufgehenden Sonne,
ich bin früh heute erwacht
und kein Schlaf lockt mich mehr.

Fasziniert sehe ich still und staunend,
wie sie sich erhebt,
die Sonne an Kraft gewinnt,
sanft die Dämmerung vertreibt.

Ich fühle mich klein,
als winziger Teil deines unendlichen Kosmos,
der Gedanke, dass du mich kennst, Weltengrund,
rührt mich tief.

Ich neige meinen Kopf,
nicht vor der Majestät der Sonne,
sondern vor dir, Ewiger,
und singe wortlos dein Lob.

Lass mich sonnenerfüllt und behutsam
den neuen Tag beginnen,
und segne alle, die mir begegnen werden,
so wie sie sind.

Da wo ich bin
Ein Abendpsalm

Schweigen will ich am Abend des Tages,
   wenn er sich abendrot färbt in die Nacht,
meine Seele wird still für einen Moment,
   ihr hitziges Pochen auf Antwort verstummt.

Der Abendwind kühlt ihre Glut,
   ein Trost für Minuten, nicht länger.
Dann stürmt es erneut in meiner Seele,
   die Fragen skalpieren mein Schweigen.

Meine Gebete betäuben sie nicht mehr,
   kraftlos verpuffen die Antworten,
die uns dich erklären wollen, Ewiger,
   geheimnisgroßer, rätselbehafteter Gott.

Wir glaubten zu wissen,
   was du denkst,
leichtfertig sperrten wir dich
   in unsere Muster.

Doch wer sah je einen Dornbusch brennen,
   wer hat je deine Stimme gehört ohne Zweifel?
Gefangen genommen haben wir dich,
   uns dich zurecht gebetet nach unseren Regeln.

Wir bauten Dome und Kathedralen,
   in prächtige Gewänder kleideten wir deine Diener.
Dein Wort kasernierten wir in kaltes Gesetz,
   es floh in unsere nächtlichen Träume.

Wir glaubten zu wissen,
   was du befiehlst,
leicht lag uns dein Name
   auf unserer Zunge.

Erschaudern will ich vor deinem Namen,
abtun die frömmelnden Phrasen.
Du bist nicht der Gott-liebt-dich-Gott,
bequem besungen, kantenlos schlicht,

du bist der, vor dem alles verstummt,
der Einzige, vor dem mein Knie sich gewaltlos beugt.
Du bist der Urgrund, das Leben selbst,
kein Wort kann dich gültig beschreiben.

Senke dich in mein Schweigen, Ewiger,
fahr mir in die müde gewordenen Knochen.
Geh mir unter die Haut mit deinem Atem
und hauche dich mir tief in die Seele,

damit ich lebe
aus deiner Kraft
und liebe aus ganzem Herzen,
ohne Bühne und ohne Applaus,

mit deinem Rückenwind und Segen,
da wo ich bin
und so wie ich bin
mit meinen Ecken und Kanten.

Die blaue Stunde

Ein Tagesrückblickpsalm

Sanft streicht kühler Abendwind mir um die Nase,
die Hitze des Tages entweicht,
parkt sich weg,
wartet auf morgen.

Der Tag ist vorbei,
die blaue Stunde beginnt,
sie färbt den entglühten
und dämmernden Himmel.

Ich danke dir, Ewiger,
für den leise sterbenden Tag,
für das, was er war für mich,
erwartet oder auch nicht.

Wie immer überraschte mich das Unerwartete,
das nicht Geplante,
dein Geist pfuscht mir ins Handwerk,
ich liebe es. Danke!

Ich denke an alle, die ich heute erblickte.
Gesicht zu Gesicht.
An den Menschen an der Tür,
der um wenige Münzen bat.

Der geflohen ist aus der Heimat,
der von ihm heiß geliebten,
weil er ist, wie er ist
und nicht so sein darf da, wo er war.

Ich denke an die Frau
mit ihrem so winzigen Kind,
sie wacht am gläsernen Brutkasten,
hält liebend stand.

An den Mann denke ich,
Vater von sieben,
dem gekündigt wurde,
fristlos, ohne Begründung.

Das Mädchen,
das mir ihre Gedichte brachte,
so voller unschuldigem Charme,
berührte mich tief.

Sie alle und auch die wortlos neben mir saßen
in der Straßenbahn und später im Bus,
sie alle empfehle ich dir
und bitte um Segen.

Lass uns nicht aus dem Blick
in der Nacht, behüte uns
und lass uns morgen den Tag
mit deinem Lob neu beginnen.

Müde

Ein schneller Nachtpsalm

Müde sinke ich
zwischen die Kissen,
der Tag, ein dicht gefüllter,
ist vorbei.

Ich danke dir, Ewiger,
für alles, was war,
für alles, was gelungen ist
und auch gut beendet.

Ich schließe die Augen,
sehe Gesichter, so viele,
die meinen Tag bestimmt
und bereichert haben.

Für sie danke ich
und bitte auch ehrlich für jene,
die mir zugemutet wurden,
wie ich aber auch ihnen.

Sie alle schließe ich ein in mein Gebet,
mein kurzes,
und sende es dir, Ewiger,
Schöpfer des Lebens.

Lass uns alle ruhen und schlafen
in deinem Frieden,
und lass uns morgen erwachen
mit neuer Kraft.

Wie meinen Augapfel

Ein Kinder-Gute-Nacht-Psalm

Sieh, wie es sich eingekuschelt hat
in seine bunte Decke,
noch blinzelt es mit den Augen,
gleich kommt der Schlaf.

Behüte mein Kind in dieser Nacht
und in allen anderen,
ewiger Gott, Vater der Welt,
dir vertraue ich es an.

Noch ist seine Welt klein,
sein Spiel ohne Arg,
sind seine Hände so zart,
seine Füßchen so klein.

Wie meinen Augapfel
will ich es sorgsam beschützen,
mein kostbarstes Gut,
mein Kind, schlafe nun ein.

Nur sanfte Träume
sollen dein Ruhen begleiten,
einen Engel erbitte ich dir,
er bewache dich gut.

Auf dein munteres Lachen am Morgen
freue ich mich,
jeder Tag mit dir ist ein Wunder,
ich liebe dich so sehr.

Hilf mir, Urgrund des Lebens,
mein Kind gut zu begleiten
und es werden zu lassen,
so wie es passt und so wie es will.

Es ist mein Kind, doch nicht mein Besitz,
ein eigener Mensch,
unterschieden von mir,
bewahre mich davor, dies je zu vergessen.

Schlaf nun, mein Kind,
gesegnet von mir und von Gott,
ich küsse deine Stirn,
fahre sanft durch dein Haar.

Und nehme dich mit
in mein Abendgebet
und danke dem Ewigen,
dass es dich gibt.

ERMUTIGUNG

Kommt in die Puschen
Mutmachpsalm

Steht auf, ihr müden Langweiler,
kommt in die Puschen,
vergeudet nicht eure Zeit,
sie ist bemessen, nicht endlos.

Was können wir schon tun,
jammert ihr mit klagendem Seufzen,
euer Selbstmitleid dröhnt dem Ewigen
in seinen geduldigen Ohren.

Mit fantasiereichen Ausreden
seid ihr flink und geübt zur Stelle,
anstatt zu tun, was ihr könnt,
sinkt ihr in eure Kissen, lethargisch.

Hätten wir doch, dann würden wir,
moniert ihr mit kläglicher Stimme
und vergesst, was der Ewige
euch selbst an Talenten geschenkt.

Mit trauriger Lust schaut ihr immer
auf das, was nicht ist,
es mangelt euch nicht an Eifersucht,
sie hält euch gefangen.

Selbstverliebt, wie ihr seid,
seht ihr nur das unerreichbare Große,
für die kleinen Schritte, die ohne Applaus,
seid ihr euch zu fein.

Doch die genau sollt ihr gehen,
und sie sind euch jetzt möglich,

seid etwas bescheidener, geduldiger,
ihr könnt mehr, als ihr denkt.

Besser zehn kleine Schritte
als mutloses Stillstehen,
hellwach sein für das,
was neben euch wartet.

Verplempert nicht eure Tage mit Warten
auf die Chance aller Chancen,
fahrt eure Eitelkeit in den Leerlauf,
und tut endlich was.

Der Ewige selbst schaut nicht
auf die Prominenz eurer Leistung,
auch das Kleine und Verborgene sieht er
und ist euch dort nah.

Er gebe euch Rückenwind für all euer Tun
und auch für das Lassen der Ziele,
die, zu verklärt und zu hochgesteckt,
euch unnötig lähmen.

Er mache euch Feuer
unter eure selbstgefälligen Hintern,
wecke Leidenschaft und Lebenslust in euch,
es ist genug da.

Dann werdet ihr eure Tage dankbar und froher
am Abend beenden,
nicht klagen, was wieder nicht war,
sondern was ihr im Kleinen erreichtet.

Dann seid ihr dem Ewigen eine Freude,
so wollte er euch,
und die mit euch leben danken euch,
ihr nehmt sie jetzt wahr.

Empfindsamer für tägliche Sorgen
und scheue Blicke, hilfesuchende,
lebt ihr im Augenblick, seid nahbar,
gebt anderen Kraft.

Ihr schielt nicht mehr nach großer Bühne
und donnerndem Beifall,
das dankbare Lächeln eines Menschen
erfüllt euch weit mehr.

Also, erhebt euch, runter vom Sofa,
verlasst eure Kuschelecken,
das Leben erwartet euch, nur Mut,
es wird spannend, es ist eure Zeit!

Nicht nur in Träumen
Ein Aufbruch-Psalm

Kraftlos lag ich da
und schaute stumm in den Himmel,
meine Gedanken sammelten sich nicht,
leer war mein Hirn.

Zunehmend farbloser
waren meine Tage geworden,
alles ging seinen Gang,
aber ich ging nicht mit.

Ich erfüllte brav meine Pflichten,
peinlichst genau,
das Urteil der anderen war wichtig,
mehr als das eigene Gefühl.

Nur nichts falsch machen,
keine Experimente, Linie halten,
nicht aus der Reihe springen,
nur nicht auffällig sein.

Meinen Mut für Neues
packte ich ein und verschloss ihn gut.
Nur in meinen Träumen
bestieg ich leichtfüßig den Himalaya.

Wie abgestürzt erwachte ich dann
in früher Morgenstunde,
nicht freier Wind begrüßte mich frisch,
sondern mein trostloses Zimmer.

Aus meinem lethargischen Jammern
reiß mich heraus, Ewiger,
mach' mir Beine und stell' mich neu
auf meine eigenen Füße.

Entzünde erneut in mir
mein fast erloschenes Feuer, noch glimmt es,
aufbrechen will ich dann
mit deinem Rückenwind, dem ewigen.

Neuland will ich betreten,
unbegangene Wege entdecken,
alle, die mich bremsen wollen,
sollen jetzt schnellstens verstummen.

Den verpassten Zielen, den unbelohnten Ideen
will ich nicht nachtrauern,
Neues will ich wagen,
meiner Fantasie will ich trauen. Lebenskeck!

Meine Abenteuer will ich nicht nur
in Träumen bestehen, Ewiger,
weck' du in mir lustvolle Leidenschaft
und spannende Neugier.

Nochmal zu scheitern will ich mutig riskieren,
ich nehm' es in Kauf,
das ist besser, als still zu stehen,
ängstlich, und sich zu verbergen.

Aufstehen und vorwärts schauen
sei heute mein Gebet,
mit dir an meiner Seite
überwinde ich alle Hürden.

Der-den-gibt-es-nicht

Ein Überraschungspsalm

Lange schon war ich
nicht mehr in deinen Räumen,
ich mied alles, was mit dir zu tun hatte,
du warst mir fremd.

Du warst „Der-den-gibt-es-nicht“
für die vergangenen Jahre,
das Wort „Ewiger“ oder „Gott“
verließ nicht meinen Mund.

Der Glaube aus Kindertagen
erschien mir albern und dumm,
aufgeklärt wollte ich sein, modern,
kein frommer Idiot.

Für die, die an dich glaubten
hatte ich nur Spott auf den Lippen,
überlegen fühlte ich mich,
informiert und wahnsinnig klug.

Mit Ironie und Zynismus feuerte ich
auf glaubende Menschen,
sie waren naiv für mich, leichtgläubig,
nicht mein Niveau.

Ein Märchenbuch nannte ich
das Buch der Bücher,
ich sezierte die Bibel und ihre Geschichten
wie ein Chirurg.

Jetzt sitze ich hier
und weiß nicht, warum,
etwas geschieht mit mir,
nur was. Ich bin ratlos wie nie.

Warum bin ich hier,
war es nur Neugier?
Das offene Kirchenportal wirkte für mich
wie ein Sog.

Kleinlaut stottere ich
deinen Namen, Ewiger,
und warte und warte,
ob jetzt was geschieht.

ZEITEN

In die Knochen gefahren

Ein etwas anderer Weihnachtspsalm

In die Knochen gefahren ist der Ewige
  seiner eigenen Schöpfung,
er, der war vor aller Zeit,
  ging dem Menschen buchstäblich unter die Haut.

Sein ewiges Wort,
  das unendliche Welten erschuf,
Gestalt nahm es an,
  ein Mensch unter Menschen.

Der Gott-sei-mit-uns, Immanuel,
  verließ seinen Himmel,
mit göttlicher Leidenschaft wollte er
  den Menschen befreien

von Selbstsucht und unbarmherzigem Urteil
  und üblem Gerede,
vom Tanz um das eigene Ich
  und der Verstocktheit des Herzens.

Die unerschöpfliche Liebe des Ewigen,
  gepriesen sein Name,
erfüllte den Sohn der starken Maria
  und des still-treuen Josef mit Macht.

In Nazareth, dem staubigen,
  so unbedeutenden Flecken in Galiläa,
lernte der Ewige seine Gebote
  am eigenen Leib, wich dieser Schule nicht aus.

Keine Maskerade,
  kein göttliches Tun, nur so als ob,
er wurde Mensch,
  kein Privileg, alle Mühen inklusive.

Die Krippe in Bethlehem,
ein knallhartes Symbol,
kein Palast für den Ewigen,
er ging in den Staub.

Abgestiegen in die untersten Ränge,
nichts war ihm fremd,
den Berührungen mit den Unberührbaren
wich er nicht aus.

Gott hatte Schwielen
an den zärtlichen Händen,
den Hammer konnten sie halten.
Arbeit war ihm nicht fremd.

Die schönen und die schwierigen Phasen
einer nullachtfünfzehn Familie
erlebte er täglich, sie war ihm in allen Facetten
von Herzen heilig.

Ich preise den Ewigen, den Gott-Menschlichen,
der weiß, wie ich lebe,
der mich deshalb so viel besser kennt
als ich mich je selbst.

Ihm vertraue ich
in meinen Tagen und Nächten,
nie wird er mich verlassen,
er hält sein Versprechen.

Wenn ich, enttäuscht von treulosen Menschen,
kraftlos verzage,
er richtet mich auf, stärkt mir den Rücken
und meine wankenden Knie.

Seine Vergebung umfängt mich,
wenn ich Schuld auf mich lade,

er stellt keine Fragen, sieht meine Reue,
  ich brauche kein Wort.

Ihm kann ich nichts vormachen
  und will es auch nicht,
ich bin, wie ich bin,
  und er hält mich aus.

Ich lobe den Schöpfer
  und seinen menschlichen Namen,
das Wort des Ewigen ist meine Rettung,
  Yeshua, Jesus von Nazareth.

Zerbrochen bin ich

Ein Ukraine-Karfreitag-Psalm

Verlassen bin ich,
umgeben von Tod und Vernichtung,
nur mein schlagender Puls zeigt mir,
dass ich noch lebe.

Starr blicken meine Augen
auf brüchige Ruinen,
da wo ich einst aufwachte,
im Frieden, so viele Jahre.

Gähnend klafft dort eine Lücke,
nichts blieb mir. Nichts.
Meine ganze Habe, mein Besitz,
alles nur schmutziger Staub.

Wenn nur das allein geschehen wäre,
so bitter auch das ist,
wenn nur der Tisch mir fehlen würde
und das Bett und der Schrank,

ich würde still sein,
nicht klagen, trotz allem,
wenn mir doch nur die Gesichter geblieben wären,
die ich so liebte.

Meine Enkel haben sie begraben,
mit ihrer Mutter,
mit anderen warf man sie
tot und zerfetzt in eine dunkle Grube.

Ich sehe das schmale Holzkreuz,
das jetzt die Stelle markiert,
und flehe und schreie zu dir, Ewiger,
sag, dass ich nur träume.

Die gepeinigten Augen schließe ich,
immer wieder,
die leergeweinten,
ich finde keine Tränen mehr.

Und jedes Mal hoffe ich,
wenn ich sie öffne, zaghaft,
dass Kinderlachen mich wieder empfängt
und heiteres Spiel.

Doch der Hügel verschwindet nicht
und das armselige Kreuz,
ich vergrabe mein Gesicht
in meinen zitternden Händen.

Ohne Nachricht bin ich
von meinen Söhnen,
in den Krieg sind sie gezogen.
Leben sie noch?

Nie hätte ich gedacht,
sie in Waffen zu wissen,
um zu kämpfen gegen Menschen
von gleicher Jugend,

die, missbraucht von der Gier
eines kalten Tyrannen,
Tod und Vernichtung bringen
in unser Land.

Werden auch sie töten,
meine so sanften Söhne,
werden durch sie ferne Mütter
aufschreien und klagen?

Der Gedanke daran
bringt mich um den Verstand,

ich erhebe meine Hände zu dir, Ewiger.
Schau auf sie!

Nicht blutbefleckt
sollen sein ihre Hände,
und wieder umarmen will ich sie, Ewiger.
Lass sie zurückkehren.

Bewahre uns vor Verzweiflung
und rasendem Hass, Ewiger,
ich flehe dich an.
Halte uns fest!

Mein Schreien, mein Klagen,
meine wütende Ohnmacht,
das ist mein Gebet.
Erwarte nicht mehr!

Verlassen fühle ich mich von dir,
Rätselhafter,
siehst du überhaupt,
wie ich mich krümme vor Schmerzen?

Einst ließ ich Kerzen brennen
in deinen heiligen Räumen,
mit lauter Stimme pries ich
deinen ewigen Namen.

Vertrocknet sind meine Lippen,
meine Lieder verstummt,
mein Herz erinnert bitter
die alten, oft gesprochenen Worte:

„Ein zerbrochenes und zerschlagenes Herz
wirst du nicht verschmähen."
Hier hast du es, jetzt ist es so weit.
Nimm es entgegen!

Ich lasse es dir
  in deinen allmächtigen Händen.
Heile es!
  Wie soll ich sonst weiterleben?

Sei du der Boden,
  auf dem niedergeschlagen ich liege,
doch der mich trägt und mich aufrichten kann
  in kommenden Tagen.

Schweigend erwarte ich sie
  in schmerzvoller Sehnsucht
und auch das Ende der Nacht
  und den von Fesseln erlösten Frieden.

Verlassen bin ich

Ein Karsamstag-Psalm

Schweigend sitze ich
  und lausche dem Rauschen des Baches,
sein Plätschern legt sich sanft wie Musik
  auf meine ratlose Seele.

Es ist leer in mir,
  verschwunden alle Gewissheit, die festgeglaubte,
die Gebete, die ich einst liebte,
  kleben mir schal auf der Zunge.

Mein Glaube ist mir wie Sand zerronnen
  zwischen den Fingern,
fremd ist mir geworden,
  was mit fester Stimme einst ich bekannte.

Wo bist du, Ewiger,
  warum sind kalt für mich deine Räume,
wohin verschwunden bist du,
  wo bleibt deine Nähe?

Kein Halleluja mehr verlässt froh und begeistert
  meine jetzt trägen Lippen,
der Zweifel nistet in mir, breitet sich aus,
  ergreift meine Seele.

Ist denn alles nur Dichtung
  und schöne Erzählung,
dein Wort nicht dein Wort,
  alles nur Märchen, betäubende Droge?

Die Spötter lachen mich aus,
  nichts kann ich mutig erwidern,
kein fester Boden stärkt mich,
  ihrem Blick zu begegnen.

Kraftlos sinne ich nach
über mein vergeudetes Leben,
wie konnte ich glauben an dich,
den es, so scheint es, gar nicht gibt.

Ich schließe die Augen und sehne herbei
die endgültige Nacht,
die mich erlösen wird
von Schmerz und zerstörter Hoffnung.

Nur ein flackernder Funke
glimmt trotzig in meiner Seele,
erinnert mich an die Zeit,
in der ich noch saftig glaubte.

Klammern will ich mich daran,
an die tiefe Erinnerung,
wahr ist sie, aufsteigen lassen will ich sie,
sie soll sich entfalten.

Wenn es dich doch gibt, rätselhaft Ewiger,
dann komm und hilf mir,
steig zu mir in mein düsteres Grab.
Wälze weg den Stein.

Und hauche dich mir in mein Schweigen,
das ratlos leere,
dass neu Hallelujah wohne
neben dem quälenden Zweifel.

Mit verwundeter Seele halte ich Ausschau
nach deinem Licht
und suche dich in allem,
was lebt und mich bergend umgibt.

Erstrahlen will ich

Ein Oster-Psalm

Der Sonne sehe ich zu,
   wie sie sich golden erhebt,
die dunkle Nacht verdrängt
   mit ihrem feurigen Licht.

In meine matten Glieder
   steigt ihre Wärme,
die Kraft kehrt zurück,
   die so lang ich ersehnte.

Vorbei die Tage
   der müden Verzweiflung,
vorbei das Erstarren
   nach all dem garstigen Schrecken.

Mit deiner Kraft, Ewiger,
   stellst du mich neu auf die Füße,
erhebst mich aus dem Staub,
   ich stehe vor dir.

Du hast mich erweckt,
   fast tot war meine Seele,
ohne Hoffnung lag ich
   im selbstgezimmerten Grab.

Deine Hand zog mich heraus
   aus der finsteren Grube,
meine Schwermut pflücktest du mir
   aus der Stirn.

Erstrahlen will ich,
   randvoll mit Leben,
meine Augen leuchten,
   fest ist mein Blick.

Neu sehe ich staunend um mich,
  erkenne die Zeichen,
so vieles kündet von dir,
  Quell des Lebens, ewiger Gott.

Wie Schuppen
  fällt es von meinen Augen,
wie konnte ich fragen,
  ob es dich gibt.

In den Farben des Frühlings
  zeigst du dich als Schöpfer,
alles, was lebt, preist,
  so wie es ist, deinen Namen.

Du erfüllst mit Mut
  widerständige Seelen,
die sich erheben
  gegen Gier und tödliche Macht.

In hellwachen Menschen
  erweckst du neue Propheten,
ihre Worte schleudern sie kühn
  gegen eiskalte Tyrannen.

Dein Atem stärkt
  die unauffälligen Engel,
die menschlichen, die da sind,
  wenn man sie braucht.

In allem, was liebt,
  wohnt deine ewige Fülle,
wenn Münder sich finden
  zum bergenden Kuss.

Neu steigen mir Lieder
  aus meiner erfrischten Seele,

die Falten der Sorge, verwandelt sind sie
in heiteres Lachen.

Auferstanden bin ich
nach dunklen Tagen,
du hast mich erweckt,
dem Tod mich entrissen.

Kraft will ich sammeln
für einsame Tage,
wenn besiegte Zweifel
neu sich erheben.

Füllen will ich meine hungrige Seele
mit Keckheit und Lust,
bersten will ich
vor Lebensfreude und Leidenschaft.

Tanzen will ich,
begeistert vom Leben,
das mich
in so vielen Facetten umgibt.

Nicht müde werde ich,
dir zu danken, Ewiger,
an diesem hellen Morgen
und allen kommenden Tagen.

Mein tägliches Tun
preise deinen heiligen Namen,
leben will ich,
was meine Lippen froh neu bekennen.

Niemand ist Gott
außer dir, dem einen,
Ursprung des Lebens,
ich bete dich an.

Hell leuchte ich auf

Ein Pfingstpsalm

Wie ein Feuer entfache dein Geist
  in mir temperamentvolle Leidenschaft,
dein Wort brenne in mir,
  hell leuchte ich auf, randvoll mit Leben.

Reiß mich heraus
  aus meinen schön geputzten Gleisen,
fliegen will ich,
  mach weit meinen eingeengten Blick.

Wie ein Sturm fahre mir in die Knochen
  und schüttle mich durch,
löse alles, was verhärtet
  und kalt meine Schritte behindert.

Sprengen will ich die Rüstung,
  die mich gefangen hielt,
schützen sollte sie mich,
  doch sie nahm mir die Luft.

Die sie mir anlegten, will ich verlassen
  mit schnellem Schritt,
ihre goldverbrämten Fesseln streife ich ab,
  sie halten mich nicht.

Sanft wie der kühle Abendwind
  auf den Höhen Jerusalems
streichle dein Geist meine Seele,
  heile behutsam unvernarbte Wunden.

Er befreie mich von aller Bitterkeit
  und dem Schmerz nach Enttäuschungen.
Die sie mir zufügten verschone er
  von meiner Lust an Rache und Vergeltung.

Sie sollen vergehen im Feuer
deiner entwaffnenden Liebe,
zu Asche werden sollen Gedanken der Wut
und des giftigen Hasses.

Dein Rückenwind treibe mich kraftvoll voran,
kein Blick mehr zurück,
versöhnen will ich mich mit allem,
was schwer war, jetzt gilt jeder Tag.

Danken will ich dir für deine Geduld mit mir,
deinen langen Atem,
der mich umgibt, durchpulst
und unermüdlich belebt.

Mit seiner Kraft setze ich
Segel auf stürmischer See,
trotze ungünstigem Wind
und den sich auftürmenden Wellen.

Abgrenzung, Vorurteil und gehässiges Wort
sind ihre Namen,
sie fallen in sich zusammen,
ich steuere hindurch.

In tausend Sprachen wird bestaunt
deine prachtvolle Schöpfung,
neu entdecken will ich,
was du an Vielfalt geschaffen.

Mit gefalteten und ungefalteten Händen
will ich dich preisen,
ich tanze Psalmen ohne Scheu,
lebenskeck und unbändig froh.

Durchglühe mich weiter,
Urgrund des Lebens, lass mich nie los,

sei mit mir auf meinen Wegen und Umwegen,
halte mich aus.

Ein Quäntchen Leichtigkeit und heitere Gelassenheit
erbitte ich fast frech dazu.
Würze mit ihnen mein Leben,
bisweilen lass mich lachen über mich selbst. Herzhaft!

Von deiner Fantasie sollen purzeln
bunte Gedanken in meine Tage,
bewahren sollen sie mich
vor Langeweile und selbstgefälliger Monotonie.

Erfrische mich immer wieder
mit Unerwartetem, mit Überraschungen,
befeuere die Liebe in meinem Herzen,
lass mich sie zeigen

allen, die mir nah sind,
an deren Schulter ich mich ausruhend lehne,
und allen Fremden, die meinen Weg kreuzen
und ihn vielfältig bereichern.

Ich danke dir, Ewiger,
unerschöpflicher und stärkender Quell allen Lebens,
dein kraftvoller Geist halte zusammen
deine zerbrechliche Welt.

STATT EINES NACHWORTS

Et es ...
Nachgedanken zum Ahrpsalm

Ich sitze am Schreibtisch in Jerusalem,
mein Laptop führt mich
in den Aachener Dom,
ich erlebe die TV-Übertragung, live,
offizieller Gedenkgottesdienst für
die Opfer der Flutkatastrophe.

Alles ist versammelt,
alle, die große Namen haben
in unserer Republik,
der Präsident, die Kanzlerin,
viele andere.
Aber, Gott sei Dank, auch Betroffene
und Helfer und Helferinnen.

Ich höre den Ahrpsalm,
die Musik zitiert ihn,
der Bischof auch.

Aufgewühlt lausche ich,
eine Schauspielerin
spricht ihn mir aus der Seele
mit Emotion und Wucht.
Sensibel, mitfühlend, wütend.

So habe ich ihn geschrieben.
Besser: So habe ich ihn aufgeschrieben,
hier an diesem Schreibtisch.
Tobend, wütend, fassungslos.

Mir ist, als hörte ich ihn
jetzt zum ersten Mal.

„Nicht du findest die Worte,
die Worte finden dich“,
schrieb mir eine Freundin,
damals, als ich um Worte rang.

Es ist nicht mehr „mein Psalm“,
anders als andere Texte
in meinem Archiv.
Der Ahrpsalm gehört mir nicht.

Später lese ich ihn, online zitiert,
in Zeitungen, in der Tagesschau,
mein Name wird genannt.

Ich müsste stolz sein,
ein erfolgreicher Text.

Ich bin es nicht.

Hätten mich doch nie
die Worte finden müssen,
wäre doch der Psalm
bis heute immer noch ungeschrieben,
wäre doch der Dom
an diesem Morgen leer geblieben.

Wäre doch die Ahr ...

Aber „wäre doch“ ...
gibt es nicht.

Et es, wie et es.
Et es, wie et es.

Der rheinische Spruch,
sonst flott gesagt
mit Humor und Leichtigkeit,
ist schwer geworden,

randvoll gefüllt
mit Schmerz und Trauer.
Et es, wie et es.

Das Leben geht weiter,
auch wenn vieles
dagegen spricht,
es geht weiter,
anders, vielleicht völlig anders.
Es geht mit uns weiter,
behutsam, Schritt für Schritt.

Verwundete Seelen halten
sich gegenseitig,
stehen aufrecht,
den Blick nach vorne,
auch wenn es schwerfällt,
geben nicht auf,
ermutigen sich,
sind sich Mitmensch und Engel.

„Sei erschütterbar
und widersteh“,
schrieb der Dichter Peter Rühmkorf.

Beides.
Beides.

DANK

Vielen gilt es Dank zu sagen, die zum Entstehen dieses Buches beigetragen haben. Zu allererst danke ich den Menschen in den Flutgebieten meiner Heimat, deren bewegende Rückmeldungen auf den Ahrpsalm mich motiviert haben, weitere Psalmen zu schreiben. Ihnen sei diese Schrift gewidmet. Ich danke allen, die mich beraten, ermuntert, kritisiert und begleitet haben. Alle in meinem Familien- und Freundeskreis wissen, wer gemeint ist. Besonders danke ich Uta Zwingenberger, Tamar Avraham, Beatrice von Weizsäcker und Georg Rössler, die das Manuskript gelesen und mir wertvolle Hinweise gegeben haben. Meinem langjährigen Wegbegleiter Wilhelm Bruners, den ich mit anderen seit seiner Jerusalemer Zeit weiterhin Markus nenne, bin ich von Herzen dankbar, dass er mir die Ehre gab, meinem Band ein Vorwort zu schenken. Ihm, dem ausgezeichneten Bibelkenner und nimmermüden Lyriker, verdanke ich viel für mein eigenes Schreiben.

Meiner Mutter und meinem aufmerksamen Freund Bernd danke ich u. a. auch für das Stoppschild, das sie aufgerichtet haben und mich von dem Druck befreit haben, unbedingt die symbolische Zahl 40 an „Psalmenmenge“ zu erreichen. So sind den Lesern vielleicht halbherzige Last Minute Psalmen erspart geblieben. Der Lektor des Echter Verlages, Heribert Handwerk, hat wieder einmal große Geduld mit seinem säumigen Autor gehabt. Ganz herzlichen Dank für die gute, kritische und sympathische Unterstützung.

Nicht zuletzt danke ich meinen gastfreundlichen Vermietern, Anna und Akram Sbitany, in deren Apartment und Garten ich mich hier in Jerusalem-Shu'afat sehr wohlfühle. Eine täglich neu inspirierende Atmosphäre, die mir das Schreiben erleichtert. Ich bin dankbar, hier, in in der Heimat der Psalmen, meiner geliebten heilig-unheiligen Stadt Jerusalem, trotz ihrer Konflikte, die oft kaum zum Aushalten sind, leben zu dürfen und jeden Morgen aufzuwachen.

Jerusalem, am 15.7.2022 Stephan Wahl

Druckprodukt mit finanziellem
Klimabeitrag
ClimatePartner.com/12514-2401-1005

Der Umwelt zuliebe verzichten wir bei diesem Buch auf Folienverpackung.

Bibliografische Information der Deutschen Nationalbibliothek

Die Deutsche Nationalbibliothek verzeichnet diese Publikation in der Deutschen Nationalbibliografie; detaillierte bibliografische Daten sind im Internet über http://dnb.d-nb.de abrufbar.

5. Auflage 2024

www.echter.de

Gestaltung: Crossmediabureau, Gerolzhofen
Druck und Bindung: Friedrich Pustet, Regensburg

ISBN 978-3-429-05801-2